Sabine Wolfgang

OMA KOMMT ZURÜCK

Illustriert von Sarah Fuchs

Die Oma-Tage
sind die besten

Heute ist Dienstag. Da kommt immer die Oma vorbei. Und am Mittwoch und Donnerstag auch. Drei Nachmittage in der Woche verbringt der Leo mit seiner Oma. Er sagt Oma-Tage dazu. Die Oma-Tage sind die besten, weil die Oma einfach die Beste ist.

Der Leo hat die Oma genauso lieb wie seine Mama. Es ist, als ob er zwei Mamas und keinen Papa hat. Der Papa ist nämlich vor einigen Jahren gestorben, als der Leo noch nicht einmal im Kindergarten war. Er kann sich überhaupt nicht mehr an ihn erinnern.

Der Leo ist sieben Jahre alt und geht in die zweite Klasse Volksschule. Die anderen Kinder in seiner Klasse sind schon acht oder werden es in der nächsten Zeit. Aber der Leo ist im Juli geboren und hat erst nach dem zweiten Schuljahr seinen Geburtstag. Die Mama sagt immer, dass in diesem

Alter Monate wie Jahre sein können. Den Leo stört das aber nicht. Er ist der Jüngste in der Klasse, das stimmt. Und vielleicht weint er ein bisschen mehr als die anderen Kinder. Aber er ist froh, im Juli Geburtstag zu feiern, denn da sind Sommerferien, und das Wetter ist immer schön. Der Max, ein Kind aus seiner Klasse, hat am selben Tag Geburtstag wie der Jesus. Das findet der Leo nicht so gut, weil das Christkind deswegen ja nicht doppelt so viele Geschenke bringt.

Zum siebten Geburtstag vom Leo haben sich die Mama und die Oma den ganzen Tag für ihn Zeit genommen und sich etwas richtig Tolles für ihn überlegt. Da er Tiere so gerne mag, sind sie zu einem Wildpark gefahren. Da durfte der Leo so lange Tiere beobachten wie er wollte und sich den ganzen Tag aussuchen, was er essen will. Zum ersten Mal in seinem Leben hat die Mama ihm auch erlaubt, zwei Eis zu essen. Sie sagt zwar immer, dass man nur eines pro Tag haben darf, aber am Geburtstag vom Leo gab es eine Ausnahme. Vielleicht geht das zu seinem achten Geburtstag wieder. Noch drei Monate, dann ist es soweit.

Manches Mal holt die Oma den Leo von der Schule ab. Aber nur dann, wenn die Mama wenig Zeit hat und nicht warten kann, bis der Leo daheim ist. Die Mama arbeitet nämlich in einem Geschäft und hat immer unterschiedliche Dienste. Gut, dass die Oma tagsüber so viel Zeit hat und nur an manchen Tagen und Abenden oder an den Wochenenden arbeitet. Sie sagt immer, sie hat einen flexiblen Stundenplan. Die Oma arbeitet nämlich als Schauspielerin. Aber nicht als irgendeine Schauspielerin, die auf der Bühne steht. Dann würde man die Oma vielleicht sogar noch auf der Straße erkennen, und sie müsste Autogramme schreiben. Nein, die Oma ist zwar auf der Bühne, aber im Hintergrund. Sie ist Marionettenspielerin. Da ist man dunkel angezogen und bewegt Puppen mit ein paar Holzstückchen und Fäden. Und die Marionetten machen dann genau das, was man will.

Nicht nur Puppen bewegen kann die Oma richtig gut. Auch beim Backen ist sie Weltklasse. Da ist sie sogar viel besser als die Mama, die so gar nicht gerne bäckt. Immer, wenn es einen Anlass gibt, machen die beiden aus, dass sich die Oma um die Nachspeise kümmert, weil sie es einfach viel besser

kann und außerdem eine richtige Freude daran hat. Am besten schmeckt dem Leo ihr Apfelstrudel. Der ist außen so richtig knusprig und innen weich und manchmal sogar noch warm. Da streut er sich dann noch ein bisschen Staubzucker drauf, aber nicht viel. Die Oma sagt, im Strudel ist schon genügend Zucker drinnen. Mit dem muss man nämlich sparsam umgehen, weil er sonst die Zähne kaputt macht. Die anderen Kinder in seiner Klasse essen lieber Muffins, Cupcakes oder Cakepops. Die Anna-Lena zum Beispiel hat zu ihrem achten Geburtstag neulich eine Cupcake-Torte bekommen. Der Leo weiß das, weil er eingeladen war. Die Anna-Lena mag er recht gerne. Eigentlich ist sie eines der liebsten Mädchen in seiner Klasse. Und wenn der Leo weint, ist sie immer da und tröstet ihn.

Die Eltern von der Anna-Lena haben ein riesengroßes Haus und fast alle Kinder der Schulklasse zu ihrer Geburtstagsfeier eingeladen. Alles war geschmückt, und auch ein Zauberer war vor Ort. Das war der Onkel von der Anna-Lena, der Onkel Oskar. Der hat ein paar richtig gute Tricks auf Lager gehabt. Seither überlegt der Leo sogar, ob er vielleicht doch lieber Zauberer statt Marionettenspieler werden soll. Aber mit dem Zaubern hat er noch gar keine Erfahrung, und beim Marionettenspielen bringt ihm die Oma alles bei, was er dafür wissen muss.

Am Nachmittag hat es eine Piñata gegeben.
Das ist so ein Tier aus Pappe, das an der Decke aufgehängt wird. Dann muss das Geburtstagskind mit einem Kochlöffel solange dagegen klopfen, bis das Tier zerspringt und der Inhalt herauskommt. Innen drinnen sind nämlich meistens Geschenke oder Konfetti versteckt. Die Piñata von der Anna-Lena war ein weißes Einhorn mit einem rosaroten Horn. Die Anna-Lena sagt, Einhörner sind ihre

Lieblingstiere, dabei gibt's die in Wirklichkeit gar nicht. Der Leo fragt sich immer, wo sie die denn besuchen und streicheln soll, wenn sie nur in ihrer Fantasie existieren.

Und dann hat die Mama von der Anna-Lena die Cupcake-Torte gebracht. Die hatte mehrere Stöcke, und jeder Cupcake war ein bisschen anders verziert. Einige mit einer bunten Creme, andere mit Streusel drauf, wieder andere mit Smarties. Das muss ein Riesenaufwand gewesen sein, die alle zu backen. Geschmeckt haben sie schon gut, die Cupcakes, aber der Apfelstrudel von der Oma ist eben besser.

Die Mama sagt immer, der Leo ist eine alte Seele, weil er mit dem neumodernen Zeugs wenig anfangen kann. Statt Cupcakes mag er lieber Apfelstrudel. Statt einer Toniebox spielt er lieber mit Marionetten und statt der allerneuesten Kinderserien schaut er lieber so was wie Nils Holgersson oder Pinocchio. Ganz versteht der Leo nicht, was die Mama damit meint, wenn sie sagt, er sei eine alte Seele.

Der Leo hat seine Lehrerin, die Frau Huber, gefragt, wie eine Seele ausschaut. Die hat geantwortet, dass das niemand weiß, sie aber jeder Mensch hat. Das hat den Leo lange beschäftigt. Wie kann jeder eine Seele haben, aber keiner wissen, wie sie aussieht? Einmal hat der Leo eine Folge einer alten Zeichentrickserie gesehen, wo ein Bub seine Seele verkauft hat. Danach ist es ihm ganz schlecht gegangen, und er wollte sie wieder zurückhaben. Irgendwie war das komisch. Vielleicht meint die Mama auch einfach, dass der Leo schon ein bisschen erwachsener ist als die anderen Kinder. Oder vielleicht, dass er einfach einen anderen Geschmack hat als die Kinder in seinem Alter.

An den Oma-Tagen wird er verwöhnt

Zurück zum Thema: Heute ist Dienstag, einer der Oma-Tage. In der Schule hat der Aaron den Leo gefragt, ob er wieder Oma-Tag hat. Selbst der weiß das schon. Aber kein Wunder, der Leo erzählt ja ständig von der Oma und dass sie Marionettenspielerin ist. Lange konnte der Aaron das Wort „Marionette" nicht einmal aussprechen und was es bedeutet, wusste er schon gar nicht. Aber immer wenn der Leo ihm erklären wollte, was die Oma genau macht, hat er ihn so blöd nachgemacht. Der Aaron ist nicht unbedingt sein bester Freund. Obwohl er sogar etwas kleiner ist als der Leo, hat der Leo ein bisschen Angst vor ihm. Und dass der Aaron heute zu ihm gesagt hat: „Na, Leo, wann hast denn einmal Papa-Tag?" findet der Leo besonders gemein. Der Aaron weiß ganz genau, dass der Leo keinen Papa mehr hat. Dann lacht der Aaron so komisch und ballt seine Fäuste wie ein Fußballspieler, der gerade ein Tor

geschossen hat. „Der Aaron ist halt ein bisschen wild", sagt die Mama. Bei der Geburtstagsfeier von der Anna-Lena hat der Aaron zum Beispiel versucht, sich den ganzen Cupcake in seinen Mund zu stopfen. Das hat natürlich nicht funktioniert, aber alle haben darüber gelacht, außer der Leo.

Heute kommt die Oma um drei Uhr, weil die Mama Spätdienst hat. Da gibt's am Nachmittag einen kleinen Obstsalat und am Abend eine Jause mit einem Brot, Aufstrich und Karotten oder Gurkerl dazu. Je nachdem, was die Mama eingekauft hat. Das Gute ist, dass die Oma das Essen immer für den Leo herrichtet. Ist die Oma nicht da, muss der Leo auch was machen und den Teller zurückstellen. Aber an den Oma-Tagen wird er verwöhnt. Das einzige, was die Oma dem Leo nicht abnimmt, sind die Hausübungen. Die Oma sitzt zwar daneben, wenn er sie macht und liest meistens die Zeitung währenddessen, aber arbeiten muss der Leo selber. Und sobald die Arbeit erledigt ist, geht's ans Spielen. Deswegen ist der Leo an den Oma-Tagen immer ganz besonders geschwind mit den Aufgaben, denn je schneller er sie macht, desto früher beginnen die beiden.

Erst kürzlich – zu Ostern – hat die Oma dem Leo eine neue Marionette geschenkt. Mittlerweile hat er schon neun verschiedene, die alle anders aussehen und laut der Oma auch unterschiedliche Geschichten haben. Einige davon sind nämlich Marionetten, mit welchen die Oma und ihre Kollegen auf der Bühne gespielt haben. Irgendwann sind die Puppen dann aber schon so alt, dass sie sie weggeben. Und wenn jemand von den Schauspielern sie haben will, dürfen sie sie behalten. Nachdem die Kollegen von der Oma schon wissen, dass der Leo Marionetten so gerne hat, landen sie meistens bei ihm. Er will dann immer ganz genau wissen, was die Oma alles über diese Marionette zu erzählen hat, wer sie gebastelt hat und wo sie schon aufgetreten ist. Und die Oma erzählt und erzählt. So eine Marionette hat mindestens ein genauso aufregendes Leben wie ein echter Mensch.

Auch die Kostüme sind toll. Die werden meistens aus Stoffresten geschneidert, da so eine Marionette ja recht klein ist und nicht viel zum Anziehen braucht. Aber gerade das muss schwer sein. So klitzekleine Kostüme schneidern, die auch passen, ist bestimmt eine besondere Aufgabe, denn Marionetten ziehen sich nicht um wie Menschen, sondern behalten die Kleidung Tag und Nacht an.

Der Fridolin hat blondes Haar und eine freche Kappe auf

Eine von den Lieblingspuppen vom Leo ist der Sepp Opa. Der Leo hat ihn einfach so genannt, als er ihn zum ersten Mal gesehen hat, da er dem Opa von der Mama ähnlich sieht, den der Leo aber nur von Bildern kennt. Die Sepp Opa-Marionette hat eine Halbglatze, buschige weiße Augenbrauen und eine Lesebrille. Außerdem trägt sie eine graue Hose mit Hosenträgern und ein kariertes blaues Hemd. Genauso etwas, was der Sepp Opa auch getragen hätte, sagt die Mama. Dafür, dass die Marionette schon so alt ist, bewegt sie sich immer noch ganz sanft. Das ist das Gute an Puppen. Ihr Material wird zwar älter, aber sonst altern sie anders als Menschen. Denn die Marionette, die jetzt ein Kind ist, wie z.B. der Fridolin, wird immer ein Kind sein und nie ein alter Mensch werden.

Der Fridolin ist noch eine Lieblingsmarionette vom Leo. Das ist die Puppe, die der Leo zu Ostern bekommen hat. Sofort hat der Leo gewusst, dass der Fridolin das Enkelkind vom Sepp Opa sein muss. Irgendwie hat er das Gefühl gehabt, dass die beiden miteinander verwandt sind und sich auch ein bisschen ähnlich schauen, obwohl man das bei so einem Altersunterschied gar nicht sagen kann. Der Fridolin ist eine ganz besondere Puppe, da er jahrelang mit der Oma auf Reisen war. Die Oma ist mit ihren Marionetten nämlich auch auf Kreuzfahrtschiffen aufgetreten, und da war der Fridolin bei ihren Vorstellungen immer dabei. Sie hat ihn damals zwar anders genannt, aber in der Sekunde, als der Leo ihn gesehen hat, hat er ihn Fridolin getauft.

Im Regal, in das der Leo alle seine Marionetten hingesetzt hat, hat der Fridolin einen fixen Platz neben dem Sepp Opa bekommen, und alle anderen mussten nachrücken. Dass ein Bub bei seinem Opa sein will, kann sicher jeder verstehen. Der Fridolin hat blondes Haar und eine freche Kappe auf. Außerdem hat er eine blaue Latzhose an und rote Schuhe. Er wirkt wie ein kleiner Schelm, der sich viele Streiche einfallen lässt. Und genau solche Streiche überlegt sich der Leo immer, wenn er mit dem Fridolin für die Oma eine Aufführung macht. In den letzten Wochen spielt der Leo also meistens eine Szene zwischen dem Sepp Opa und dem Fridolin vor, weil die zwei gerade seine Lieblingsmarionetten sind und jede Menge Lustiges miteinander unternehmen.

Ich hab den Sepp Opa umgebracht

Voriges Jahr hat der Leo gemeinsam mit der Oma eine Marionettenbühne für seine Puppen gebaut. Dafür haben sie ein paar Bretter hergenommen und eine Art Bühnenkasten gebastelt, den sie schwarz angemalt haben. Vorne drauf haben die Oma und der Leo einen roten Vorhang befestigt. Für den Bau dieser Bühne mussten sie das gesamte Zimmer vom Leo umräumen, aber die richtige Bühne zu haben, war ihm sehr wichtig. Dafür musste der Schreibtisch zur Seite gerückt werden, und das Bett steht jetzt ganz am Rand. Aber jeden Tag freut sich der Leo, wenn er von der Schule zurückkommt und die Bühne in seinem Zimmer sieht. Meistens hat er schon am Nachhauseweg ein paar Ideen zur Geschichte. Die Oma hat dem Leo nämlich die Aufgabe gegeben, sich für jeden Tag etwas Neues zu überlegen. Sie sagt, das fördert die Fantasie. Sie nennt das Improvisation, aber dieses Wort ist ganz schön schwer auszusprechen und zu merken.

Die Oma und der Leo haben sich das so ausgemacht, dass er immer am Dienstag und am Donnerstag etwas aufführt und die Oma am Mittwoch. Die Oma ist halt ein Profi. Der fällt im Nu eine Geschichte ein. Die muss nicht lang überlegen oder etwas vorbereiten. Manchmal sagt der Leo der Oma einfach nur ein Wort und schon legt sie mit einer Geschichte los. Wenn der Leo groß ist, will er das auch können. Die Oma lehrt den Leo auch, wie seine Marionetten mehr Gefühle

ausdrücken können und wie der Leo das mit seiner Stimme machen kann. Nachdem sich so eine Marionette nicht selbst bewegt, muss der Spieler alles tun. Auch wie man eine Marionette hält, damit sie das tut, was man will, ist gar nicht so leicht. Die Oma sagt, man braucht Fingerspitzengefühl, also ein Gefühl dafür, wie man seine Finger gut bewegt. Außerdem auch Taktgefühl, so wie wenn man ein Instrument spielt. Das alles lernt der Leo derzeit und jeden Tag wird er besser.

Heute hat sich der Leo überlegt, dass der Fridolin seinem Opa die Lesebrille versteckt. Die Lesebrille ist nämlich das einzige, was man dem Sepp Opa ganz leicht abnehmen kann. Alle anderen Kleidungsstücke sind so festgemacht, dass es besser ist, daran nicht herumzubasteln. Schließlich soll nichts kaputt werden. Der Fridolin hat immer ein bisschen Freude daran, den Opa zu ärgern. Aber er meint es nicht böse, und genauso überlegt sich auch der Opa oft einen kleinen Streich mit dem Fridolin. Die Lesebrille hat sich der Fridolin auf seine Kappe gesetzt, doch der Opa sieht sie einfach nicht. Leider schafft es der Opa nicht, seine Zeitung ohne Brille zu lesen. Da sagt der Fridolin, er könne ihm vorlesen. Schließlich kann das ja auch der Enkelsohn für den Opa tun. Dazwischen lacht der Fridolin wieder, weil der Opa die Brille auf seinem Kopf einfach nicht bemerkt. Und auch die Oma lacht, weil sie die Geschichte so witzig findet. Danach gibt die Oma dem Leo noch eine Aufgabe. Er soll darauf achten, dass der Sepp Opa die Arme dazu bewegt, wenn er verzweifelt seine Brille sucht. Eine ganz schön schwere Aufgabe, was der Leo dafür mit seiner rechten Hand tun muss. Aber es wird immer besser, und die Oma applaudiert.

Manches Mal legt die Oma Musik ein, und der Leo muss versuchen, eine der Marionetten im Takt tanzen zu lassen. Eigentlich ist der Leo ja Rechtshänder, aber manches Mal sagt die Oma, soll er dafür auch seine linke Hand nehmen. Als Übung sozusagen. Und auch hier hat er in den letzten Monaten schon ordentlich dazugelernt. Die Schulkollegen vom Leo finden Marionetten leider nicht so spannend. Somit gibt es wenig Möglichkeiten, das Gelernte vor anderen Leuten aufzuführen. Bis jetzt hat er auch noch nicht so viel Besuch von ihnen gehabt und wenn, dann kommen eher Mädchen vorbei. Die Anna-Lena zum Beispiel. Die war schon begeistert von seiner Sammlung, hat aber immer wieder danach gefragt, ob der Leo vielleicht auch Barbie-Modelle zuhause hat. Das ist nämlich die Art von Puppen, die die Anna-Lena gerne mag. Damit kann der Leo aber weniger anfangen. Die Anna-Lena scheint es irgendwie nicht zu verstehen, dass etwas Altes wie seine Marionetten nicht unbedingt schlecht ist, sondern ganz im Gegenteil etwas sehr Wertvolles.

Die Oma legt nun ein ganz schnelles Lied ein, und der Leo versucht, den Sepp Opa zu bewegen wie einen jungen Mann, der in der Disko tanzt. Rasch wie nie fegt er über die Bühne, die plötzlich zu einem Tanzsaal wird. Der Leo ist selber überrascht darüber, wie gut er die Marionette unter Kontrolle hat und wie gelenkig der Sepp Opa seinen Körper bewegt. Die Oma lacht und lacht. Dazwischen klopft sie sich immer wieder auf die Oberschenkel, bis sie plötzlich verstummt. Und auch der Leo wird still, und seine Augen werden ganz groß. Nur die Musik spielt weiter als ob nichts geschehen wäre. Da springt die Oma auf und stellt das Radio aus. Erst da wird dem Leo bewusst, was gerade passiert ist.

Der Kopf vom Sepp Opa ist abgebrochen und hängt nur mehr an einer kleinen Stelle mit dem Körper zusammen. Und als der Leo erschrocken das Holzstück loslässt und die Puppe schlaff zu Boden sinkt, füllen sich seine Augen mit Tränen und er beginnt lautstark zu weinen. So laut, dass er wahrscheinlich auch die Musik übertönt hätte, wenn sie noch laufen würde. Die Oma nimmt den Leo in den Arm und tröstet ihn. Dass man die Puppe ja reparieren lassen kann und ihr und ihren Kollegen das beim Arbeiten auch schon ein paar Mal passiert ist. Dass die Puppe ganz heil wird und bald wieder so gut tanzen kann wie früher. Dazwischen macht die Oma dem Leo immer wieder

Komplimente, wie gut er die Marionette gerade bewegt hat. Doch der Leo hört gerade gar nichts mehr.

„Ich hab den Sepp Opa umgebracht", schluchzt er immer und immer wieder.

„Er ist nur verletzt. Der wird wieder gesund. Das verspreche ich", sagt die Oma und streichelt den Leo mit ihren beiden Handflächen von seiner Schulter bis zu den Händen. So macht sie das immer, wenn sie jemanden tröstet.

„Der Fridolin hat jetzt keinen Opa mehr", weint der Leo. Und er weint und weint.

Der Leo weint so lange, dass die Oma sogar die Mama anrufen muss. Eigentlich kann die Mama während des Dienstes nicht einfach so weg, aber vielleicht klappt es dieses Mal ausnahmsweise. Denn der Leo lässt sich nicht mehr beruhigen. So aufgelöst hat die Oma den Leo noch nie erlebt.

„Das ist doch nur eine Puppe, Leo. Es ist niemand gestorben", versucht die Mama den Leo zu trösten, doch das lässt ihn nur noch mehr brüllen.

„Doch, das war der Sepp Opa. Der ist jetzt tot. Und der Fridolin ist ganz traurig", schluchzt der Leo weiter.

Und tatsächlich scheint der Fridolin ganz unglücklich im Regal zu sein und lässt seinen Kopf hängen. Dort, wo ihn der Leo vorhin, vor der Tanzeinlage vom Sepp Opa, hingesetzt hat. Als wäre er fürchterlich traurig. Das tut dem Leo noch mehr weh.

Das wird schon wieder

Tagelang ist der Leo traurig. Auch nachdem die Oma und er den Sepp Opa gleich am nächsten Tag zum Puppendoktor gebracht haben, muss er immer wieder weinen. In der Straßenbahn am Weg dorthin und wieder zurück haben die Leute schon nachgefragt, was der Bub denn hat, so laut hat der Leo teilweise geschluchzt. Und auch in der Schule sind ihm immer wieder Tränen gekommen, die durch die gemeinen Kommentare vom Aaron leider mehr und mehr geworden sind. Die Mama musste in der Früh extra mit in die Schule gehen, um der Frau Huber zu erklären, was am Vortag passiert war. Somit weiß sie Bescheid und kann sich darauf einstellen, dass der Leo gerade ganz besonders sensibel ist.

„Wie lange dauert denn das?", fragt der Leo beim Puppendoktor.

„*Die Operation macht mein Chef. Ich bin der Assistent*", sagt der junge Mann hinter der Theke.

Es geht ihm sichtlich nahe, dass der Leo so traurig ist. Da versucht er ihn zu beruhigen.

„*Das wird schon wieder, junger Mann. Ich hab schon viel schlimmere Fälle gesehen.*"

Dann bietet er ihm ein Zuckerl an, doch der Leo will keines.

„Ich rufe in ein paar Tagen an und erkundige mich, wie es dem Sepp Opa geht", verspricht die Oma. *„Das ist sicher keine schwere Operation."*

Sobald der Leo zuhause ist, nimmt er den Fridolin zur Hand und bewegt ihn ganz langsam wie in Zeitlupe.

„Siehst du, er ist so traurig und macht sich Sorgen", sagt der Leo.

„Das ist auch verständlich", antwortet die Oma. *„Aber der Sepp Opa kommt bald zurück. Sag das dem Fridolin, damit er sich darauf freuen kann."*

Und dann kommt die Oma ganz langsam auf den Fridolin zu, der am Boden – bewegt durch die Hände vom Leo – herumschlendert und streichelt ihn ganz vorsichtig mit ihren beiden Zeigefingern von der Schulter bis zu seinen kleinen Händen. Und dann weint der Leo wieder.

Als ob nichts geschehen wäre

Nach ein paar Wochen ist alles wieder gut. Der Sepp Opa ist nach seiner Operation zurück, und nicht einmal der Leo, der seine Puppen in- und auswendig kennt, hat einen Schnitt oder irgendetwas Anderes bemerkt, das an den kleinen Unfall erinnert. Der Leo ist so erleichtert, dass alles gut gegangen ist und der Fridolin und sein Sepp Opa endlich wieder vereint sind. Keine einzige seiner Marionetten hat es gewagt, den leeren Platz vom Sepp Opa einzunehmen, während der im Krankenhaus war. Und nun, nachdem Enkel und Großvater wieder vereint sind, gibt es neue heitere Einlagen auf der Marionettenbühne. Als ob nichts geschehen wäre.

Das Wetter ist in den letzten Tagen so richtig warm geworden. Nun ist Mai, alles ist grün, und die Oma und der Leo verbringen mittlerweile viel Zeit im Garten. Die Marionettenbühne haben sie zu diesem Zweck ebenfalls nach draußen gestellt. Dorthin, wo ein kleiner Dachvorsprung ist. Dann kann der Spieler zwischen der Bühne und der Hausmauer stehen, während der Zuschauer in der Wiese sitzt und die Show genießt. Das ist nun ihre Sommerbühne. Die Oma sagt immer, bei den Theaterbühnen gibt es schließlich auch Sommervorstellungen im Freien, wenn es warm ist. Und nun hat der Leo mit seinen Marionetten seine eigene Sommerbühne gebaut.

Da heute Mittwoch ist, spielt die Oma etwas vor. Und just, als die Oma mit ihrer Vorstellung beginnen will, spaziert am Zaun neben ihnen ein älterer Mann mit zwei großen Pudeln vorbei.

„Hey, die hab ich gestern auch schon vorbeigehen gesehen", sagt der Leo.

„Ja, ich auch", sagt die Oma. *„15:05 Uhr ist es. Lass uns morgen aufpassen, ob die zwei Hunde wieder um dieselbe Zeit vorbeikommen."*

Und so ist es. Auch am nächsten Tag entdecken die Oma und der Leo den Mann mit den beiden Pudeln. Fast um dieselbe Minute. Und ab sofort warten sie mit ihrer Vorstellung immer so lange, bis sie die zwei Hunde gesehen haben. Danach ist Showbeginn.

„Was machen wir denn, wenn die Hunde einmal nicht vorbeigehen, weil es in Strömen regnet?", fragt der Leo.

„Dann sitzen wir sicher nicht draußen im Freien, sondern spielen drinnen", sagt die Oma mit einem Lächeln.

„Ach ja", antwortet der Leo.

Wirklich komisch, dass die anderen nicht vorsichtiger sein können

Heute ist Donnerstag. Morgen ist der letzte Schultag. Dann beginnen die Ferien. Vor ein paar Tagen gab es ein Sommerfest in der Schule vom Leo. Die Frau Huber hat gemeint, das ist eine schöne Tradition, um vor Ferienstart gemeinsam mit allen Schülern und Eltern das vergangene Schuljahr zu feiern. Es gab auch eine Hüpfburg. Der Leo mag Hüpfburgen eigentlich, aber nur, wenn nicht zu viele Kinder auf einmal drinnen sind, und wenn jeder auf seinem Platz bleibt. Der Aaron und noch ein paar andere wilde Buben aus der 2C sind natürlich quer über die ganze Burg gehüpft, ohne Rücksicht auf die anderen. Der Leo hat immer versucht, in der hinteren Ecke zu bleiben, doch auch von dort wurde er von den Buben ständig verjagt, bis er schließlich hinausgegangen ist. Wirklich komisch, dass die anderen nicht vorsichtiger sein können.

Am Tag des Schulfestes hat der Leo eine neue Hose angezogen, die ihm die Mama vor kurzem gekauft hat. Sie ist hellgrau. Eigentlich hat der Leo Bedenken gehabt, diese Hose ausgerechnet zu einem Schulfest anzuziehen, da er da sicher auch herumtoben wird und die Hose schmutzig werden könnte. Doch die Mama sagt immer, man kann alles waschen. Da sie in einem Bekleidungsgeschäft arbeitet, hat sie besondere Tricks auf Lager, wie auch der hartnäckigste Fleck wieder herausgeht. Das findet er an der Mama so toll. Denn während andere Mütter sagen würden, *„Pass auf, dass du nichts schmutzig machst",* sagt die Mama *„Das kriegen wir schon wieder sauber."* Und dann geht der Leo zum Spielplatz, weil dort die Anna-Lena mit ihren Freundinnen ist.

„Kommst du mit zur Rutsche?", fragt die Anna-Lena.

Der Leo nickt nur. Wenn ihre Freundinnen dabei sind, ist die Anna-Lena meistens ein bisschen komisch und anders als sonst. Die besten Freundinnen von der Anna-Lena sind die Chiara aus seiner Klasse und die Zwillingsschwestern Laura und Sophie aus der 2C. Die zwei sind sehr hübsch, aber der Leo hat das Gefühl, dass sie immer ein bisschen über ihn tuscheln und ihn auslachen. Den Grund dafür kennt er nicht, aber vielleicht irrt er sich auch.

„Du zuerst", sagt die Anna-Lena zum Leo.

Daraufhin klettert der Leo die Stufen hoch. Direkt hinter ihm sind die anderen vier Mädchen. Die Stiege ist groß genug, dass alle hinter- und nebeneinander Platz haben. Doch kaum ist der Leo oben angekommen, spürt er, wie ihn jemand von hinten anschubst. Dabei war er noch gar nicht bereit und hat sich nicht einmal hinsetzen können. So rutscht der Leo die gesamte Strecke auf Knien hinunter und kommt dementsprechend mit den Knien auch unten am Boden wieder an. Und weil die Erde am Ende der Rutsche hart und aufgesprungen ist, tut das ganz schön weh. Doch nicht nur das. Am rechten Knie entdeckt er ein kleines Loch. Und das ausgerechnet in der neuen Hose.

Enttäuscht blickt der Leo nach oben. Dort sieht er vier Gesichter. Die Zwillinge und die Chiara können sich das Lachen kaum verhalten. Die Anna-Lena schaut eher besorgt drein. Wer genau ihn

geschubst hat, weiß der Leo nicht. Doch es ärgert ihn, weil er mit den Mädchen eigentlich nur ein bisschen rutschen wollte. Er geht zurück zur Mama, die gerade mit einer anderen Mutter redet.

„Was ist denn passiert?", fragt ihn die Mama, als der Leo mit traurigem Gesicht auf sie zukommt.

Und dann nimmt sie ihn in den Arm, und der Leo beginnt zu weinen.

Die Mama streichelt ihm über den Kopf, aber redet weiter mit der Frau. Sie ist es schon gewöhnt, dass der Leo öfters traurig ist und sich manche Kleinigkeiten sehr zu Herzen nimmt. Was den Leo gerade mehr stört, die zerrissene Hose oder dass die Freundinnen von der Anna-Lena so gemein zu ihm sind, weiß er selber nicht.

Dass ihn alle Schüler, Eltern und Lehrer verweint sehen, will der Leo aber nicht. Und so versucht er sich zusammenzureißen und wischt sich die Tränen aus seinen Augen. Die Mama hört nun auf zu reden und fragt: *„Magst du vielleicht ein Eis?"*

Da nickt der Leo nur.

Und der Leo liebt Erdbeeren

Heute, am Donnerstag, wollen die Oma und der Leo ins Erdbeerland fahren. Früher hat der Leo immer geglaubt, das ist ein eigenes Land. So wie England oder Holland. Aber eigentlich ist das nur ein riesengroßes Feld, wo Erdbeeren darauf wachsen, die man selber pflücken darf. Und der Leo liebt Erdbeeren, besonders wenn sie selbst gepflückt sind. Zunächst findet aber noch eine Marionettenvorstellung statt. Genau wie der Leo am Tag darauf, hat er sich überlegt, dass der Fridolin heute sein Zeugnis überreicht bekommt. Ganz erwartungsvoll steht der Leo beim Zaun und wartet auf die beiden Pudel, denn schon seit Wochen gehen sie um dieselbe Uhrzeit an ihrem Garten vorbei. Erst wenn sie vorbeigekommen sind, will er mit seiner Vorstellung beginnen. Doch der Mann mit den zwei Hunden taucht heute einfach nicht auf.

„Vielleicht gehen sie erst später raus oder sie nehmen eine andere Route", sagt die Oma. „Jetzt warten wir schon zehn Minuten auf sie."

„Aber wieso denn eine andere Route? Hier ist es doch schön", sagt der Leo. Er hat immer geglaubt, dass Hundebesitzer meistens denselben Weg nehmen, den die Hunde schon gewohnt sind.

„Oder der Mann ist auf Urlaub, und er hat die Hunde bei Verwandten untergebracht", sagt die Oma.

„Was ist, wenn einer von den Hunden plötzlich krank geworden ist?", fragt der Leo.

„Ja, das kann auch sein. Dann kommen sie halt in ein paar Tagen wieder", antwortet die Oma.

„Aber ich will sie jetzt sehen", sagt der Leo energischer.

„Mein Schatz, das ist doch nicht so schlimm. Beginn einfach mit deiner Vorstellung. Vielleicht kommen sie später. Wir wollen ja auch noch ins Erdbeerland, weißt du?"

„Wir haben das doch immer so gemacht, dass wir starten, nachdem die Pudel vorbeigegangen sind", sagt der Leo.

„Ja, das weiß ich. Wir machen das jedoch erst seit ein paar Wochen. Davor ging es immer ohne die Hunde. Aber ich verstehe dich natürlich, Leo. Ich möchte die Hunde ja auch gerne jeden Tag sehen."

„Wirklich blöd", antwortet der Leo leise. Dann geht er langsam hinter die Bühne und beginnt mit der Vorstellung. Er nimmt den Fridolin in die linke Hand und die Frau Dame in die rechte. Diese Marionette hat er Frau Dame genannt, da sie ein sehr elegantes violettes Kleid trägt und ihm kein

ordentlicher Nachname eingefallen ist. Die Frau Dame schlüpft immer wieder in unterschiedliche Rollen. Heute ist sie die Lehrerin, die dem Fridolin das Zeugnis überreicht. Ein bisschen hochnäsig kommt sie rüber, aber sonst ist sie ganz nett. Sie sagt dem Fridolin aber auch, dass er den anderen Kindern nicht mehr so viele Streiche spielen soll.

Nach der Darbietung schaut der Leo noch ein paar Mal zum Zaun, doch nach wie vor sieht er die Hunde nicht. Dann fährt er mit der Oma ins Erdbeerland.

Der wollte mir meine Erdbeeren wegessen

Weil das Wetter heute so herrlich warm ist, sind ganz schön viele Leute im Erdbeerland. Der Leo fragt sich, ob es auch einmal sein kann, dass alles leer gepflückt ist. Vermutlich schon, weil es Erdbeeren ja nicht das ganze Jahr über gibt. Aber jetzt sind die ersten Früchte draußen, und es sollte noch genug für alle da sein.

„Grüß Gott, Frau Demmer", sagt die Frau in der kleinen Hütte. Das ist dort, wo man einen Korb bekommt, den man mit den Erdbeeren füllt. Danach wird er abgewogen und man zahlt.

„Ist das der Leo? Der ist aber groß geworden", sagt die Frau.

Komisch, dass die Frau so spricht, als wäre der Leo gar nicht dabei.

„Wir nehmen heute bitte zwei große Körbe", sagt die Oma. *„Ich will am Wochenende schließlich noch einen Kuchen backen."*

Der Erdbeerkuchen von der Oma ist richtig gut. Nicht ganz so gut wie ihr Apfelstrudel, aber das macht ja nichts.

„Ah, ein Erdbeerkuchen zum Schulschluss", sagt die Frau. Der Leo erinnert sich vom letzten Jahr, dass die Frau wie ein Tier heißt, aber er weiß nicht mehr, ob Fuchs, Wolf oder irgendwie anders.

„Freust du dich denn schon auf die Ferien?", fragt die Frau den Leo.

„Na, warum soll ich mich nicht darauf freuen? Welches Kind mag denn bitte keine Ferien?", wundert sich der Leo.

Da lacht die Frau nur und überreicht ihm und der Oma einen großen Korb.

Das Feld ist riesig. Wie viele Erdbeeren da wohl drauf wachsen? Dieses Mal geht der Leo in eine andere Reihe als die Oma. Verlaufen kann er sich hier kaum, weil die Sträucher niedrig sind und man alle Leute sieht, auch wenn sie sich bücken.

Erdbeeren gibt es hier in ganz unterschiedlichen Größen. Die meisten sind schon tiefrot. Der Leo kann es nicht lassen, die erste große Erdbeere, die er sieht, gleich in den Mund zu stecken. Sie ist so saftig, dass er aufpassen muss, sich damit nicht sein T-Shirt vollzuspritzen.

„Ah, da nascht schon einer", sagt die Oma von der nächsten Reihe.

Angeblich rechnen die das mit ein, dass jeder, der selber pflückt, dazwischen auch immer ein bisschen gustiert. Dementsprechend zahlt man etwas mehr.

Andächtig legt der Leo die Erdbeeren in seinen Korb, sodass er möglichst viele Früchte unterbringt und ja keinen Platz verschwendet. Letztes Jahr war die Oma viel schneller als er, aber dafür hat er die Erdbeeren schöner eingeräumt gehabt und auch viel mehr untergebracht. Sein Korb war am Ende nämlich um einiges schwerer als der von der Oma.

Ungefähr bei der Hälfte angekommen, gerade als er wieder ein paar seiner Funde in den Korb legen will, steht da plötzlich ein kleiner Bub, der eine Erdbeere aus dem Korb vom Leo herausnimmt und genüsslich reinbeißt.

„He", sagt der Leo. *„Das sind meine Erdbeeren! Das ganze Feld ist doch voll. Such dir deine eigenen!"*

Plötzlich kommt eine Frau angelaufen, die sich sichtlich schämt.

„Theo, bitte, du kannst doch dem Buben nicht einfach die Erdbeeren wegnehmen."

Da hebt sie den Kleinen auf und entschuldigt sich noch einmal beim Leo.

„Das geht doch nicht", sagt der Leo ein weiteres Mal.

„Theo, entschuldigst du dich bei ihm?"

„Tschuldigung", sagt der Kleine. Er ist wahrscheinlich nicht älter als drei Jahre.

„Alles ok?" ruft die Oma herüber, während die Frau mit dem kleinen Buben gerade weggeht.

„Der wollte mir meine Erdbeeren wegessen", antwortet der Leo.

„Das hat er sicher nicht böse gemeint. Der war ja noch ganz klein", sagt die Oma. *„Und entschuldigt hat er sich auch. Ich gebe dir dafür eine von meinem Korb."*

Eine Stunde später haben der Leo und die Oma ihre beiden Körbe prallvoll angefüllt. Und wieder ist der Korb vom Leo viel schwerer und kostet deswegen auch mehr.

Und plötzlich
ist alles anders

Am nächsten Tag ist Zeugnisverteilung. Da kommen alle Schüler extra wegen einer Stunde oder noch kürzer in die Schule, nur um sich das Zeugnis abzuholen. Die Frau Huber sagt auch noch ein paar Worte, aber nicht viel. Zum Beispiel, dass sie sich für das schöne Schuljahr bedankt, sie hofft, dass alle einen guten Sommer haben, dass sie sich schon aufs neue Schuljahr freut und vieles mehr. Der Leo mag Schulschluss zwar, aber irgendwie ist er auch ein wenig traurig, weil der Tag wie ein Abschied ist. Und die zweite Schulklasse kommt schließlich nicht mehr wieder zurück.

Heute hat sich die Mama extra frei genommen, weil der Leo Schulschluss hat. Und am Nachmittag kommt auch die Oma bei ihnen vorbei. Da wollen sie gemeinsam Eis essen und der Mama eine spezielle Marionettenvorführung geben, damit sie auch einmal sieht, womit der Leo und die Oma gemeinsam ihre Nachmittage verbringen und was der Leo schon Tolles gelernt hat.

Den ganzen Tag aber ist der Leo irgendwie unruhig. So als wäre er nervös. Vor der Zeugnisverteilung hat er aber keine Angst, weil er ja weiß, dass das keine große Sache ist und er sowieso lauter Einser bekommt. Außerdem freut er sich auf den Sommer, das schöne Wetter und seinen Geburtstag, der bald vor der Tür steht. Doch da ist etwas, das ihm ein komisches Gefühl beschert.

Mit dem Aaron hat es nichts zu tun. Schließlich hat ihn der die letzten paar Tage ignoriert, was der Leo gerade sehr angenehm findet. Der Aaron hat jetzt nämlich ein anderes Opfer gefunden, den Paul. Die waren bis vor kurzem noch gute Freunde, doch nun streiten sie immer. So schnell ändert sich das. Auch mit der Anna-Lena hat es nichts zu tun. Sie will ihn nächste Woche sogar bei ihm zuhause einmal besuchen. Der Leo hat die Oma extra gefragt, ob sie dafür ein Stück vom Erdbeerkuchen einfrieren können, damit die Anna-Lena davon auch etwas bekommt. Der Leo weiß nämlich, dass die Eltern und Großeltern von der Anna-Lena nicht gerne selber backen.

Während die Frau Huber die letzten Sätze spricht, schaut der Leo alle Kinder im Raum noch einmal ganz genau an. Da er am Rand des Klassenzimmers sitzt, hat er die beste Sicht, um alle anzusehen, ohne sich umdrehen zu müssen. Schon in der ersten Klasse hat er einen Platz am Rand gehabt. Da fühlt er sich irgendwie wohler, weil er dann besser beobachten kann. Bei keinem einzigen Gesicht kommt ein unangenehmes Gefühl auf, aber trotzdem ist da etwas Komisches in seiner Bauchgegend.

Was ihn genau beunruhigt, weiß er nicht. Noch nicht. Denn ab dem Nachmittag ist alles anders. Es hat mit der Oma zu tun. Denn statt gemeinsam Eis zu essen und eine Marionettenvorführung zu machen, wartet der Leo vergebens auf sie. Und er wartet und wartet. Dabei denkt er an die beiden Pudel, auf die er ebenso gewartet hat, ohne dass sie später aufgetaucht sind. Vielleicht war das eine Vorhersage für etwas, das geschehen wird. Die Oma kommt nämlich nicht mehr. Weil sie einen Unfall hatte. Und plötzlich ist alles anders.

Aber die Oma
ist jetzt im Himmel

Drei Monate sind seit dem Tod von der Oma vergangen. Sommerferien ohne die Oma. Der Geburtstag vom Leo ohne die Oma. Schulanfang ohne die Oma. Irgendwie ist alles komisch. Die Mama arbeitet nun weniger Stunden im Geschäft, damit sie mehr beim Leo daheim bleiben kann. Aber dafür hat sie eine zusätzliche andere Arbeit angenommen, die sie von zuhause aus macht. Das heißt, die Mama ist zwar daheim, aber trotzdem beschäftigt. Und für seine Marionetten interessiert sie sich einfach nicht so sehr wie der Leo. Außerdem kennt sie sich ja nicht damit aus. Das konnte nur die Oma. Aber die Oma ist jetzt im Himmel.

Täglich macht der Leo eine Theatervorstellung und stellt sich vor, dass die Oma vor der Bühne sitzt und ihm aufmerksam zusieht. Und manchmal redet er auch mit ihr, ganz so, als wäre sie da. Aber die Oma fehlt. Und dann ist er ganz traurig.

Es vergeht noch immer kein Tag, an dem der Leo nicht an die Oma denkt und weinen muss. Die Mama weint jetzt nicht mehr so viel wie am Anfang, aber trotzdem ist sie noch traurig. Außerdem hat sie noch viel weniger Zeit für den Leo als früher, da sie jetzt einfach keine Hilfe mehr von der Oma bekommt. Der Leo merkt genau, wie sehr die Mama die Oma vermisst, schließlich hat die Mama ihre Mama verloren. Aber sie muss auch stark für den Leo sein und versucht, ihm ihren Schmerz nicht zu sehr zu zeigen.

Der Leo ist in den letzten Monaten stiller geworden. Zwei Mal wäre er im Sommer bei der Geburtstagsparty von einem Schulkollegen eingeladen gewesen. Nicht, weil das seine besten Freunde waren, sondern weil die einfach die gesamte Klasse eingeladen haben. Er hat aber jedes Mal abgesagt, weil er keine Lust hatte und sich zuhause lieber mit seinen Marionetten beschäftigt. Sobald er mit seinen Marionetten spielt, hat er das Gefühl, dass die Oma bei ihm ist. Deswegen tut er das nun noch mehr als früher, obwohl es alleine nicht dasselbe ist.

Die Mama nimmt sich leider keine Zeit, dem Leo dabei zuzusehen, wie er mit seinen Puppen umgeht. Vielleicht auch deswegen, weil die Vorstellung, die er damals am Tag vom Schulschluss geplant hat, nie passiert ist. Vielleicht verbindet die Mama den Gedanken an eine Marionettenaufführung mit dem Tag, an dem die Oma gestorben ist. Die Frau Berlinger, seine Religionslehrerin, hat einmal gesagt, dass jeder anders mit dem Tod einer geliebten Person umgeht. Und jeder sucht seinen Trost woanders.

Früher war es immer so, dass der Leo erst nach den Hausübungen mit dem Spielen begonnen hat, doch nun nicht mehr. Manchmal geht er gleich nach der Schule zum Regal mit den Marionetten. Dann nimmt er eine heraus und versucht, sie so elegant wie möglich über den Boden zu bewegen. Er will, dass jede einzelne einmal so locker wie ein Mensch gehen kann und keine eckigen Bewegungen mehr übrigbleiben. Dafür muss er sein Geschick trainieren. Und daran arbeitet der Leo mittlerweile jeden Tag.

Ein paar Mal hat der Leo komplett auf die Hausübung vergessen. Deswegen musste die

Mama sogar schon in die Schule gehen, weil sich seine Lehrerin, die Frau Huber, Sorgen um den Leo gemacht hat. Die Frau Huber weiß genau, dass der Leo die Oma verloren hat und kümmert sich besonders lieb um ihn. Aber trotzdem sagt sie, dass der Leo genauso wie alle anderen Kinder seine Hausübungen machen muss. Da gibt es keine Ausnahme. Sie merkt aber, dass sich der Leo verändert hat. Er redet nur mehr, wenn er etwas gefragt wird und ist in den Pausen freiwillig lieber alleine.

Oma, bist du das?

Im Sommer hat der Leo sehr viel Zeit in seinem Zimmer verbracht. Und das, obwohl das Wetter die meiste Zeit gut war. Sobald er draußen war, am Platz, wo er vor dem Sommer immer mit der Oma gesessen ist, sind ihm sofort die Tränen gekommen und er musste schnell zurücklaufen. Irgendwann hat er es dann gar nicht mehr probiert und ist in seinem Zimmer geblieben. Die Mama hat öfters versucht, ihn nach draußen zu holen, aber der Leo wollte nicht. Nur ein paar Mal haben sie gemeinsam Ball gespielt, aber mit Bällen ist der Leo nicht so begabt wie mit seinen Marionetten.

Jetzt, im Oktober, werden die Blätter rot und orange. Trotzdem ist das Wetter immer noch gut, und der Leo geht wieder nach draußen. Er hat die Mama gebeten, seine Marionettenbühne dort aufzustellen. Die Bühne steht jetzt aber nicht mehr genau am selben Platz wie früher, sondern ungefähr zwei Meter weiter weg. Das ist dem Leo wichtig, da er ohne die Oma nicht einfach dasselbe Programm machen kann wie früher. Dann nimmt er alle neun Marionetten mit nach draußen und spielt eine Vorstellung nach der anderen. Meistens ist eine Marionette auf der Bühne, während die anderen zuschauen. So hat er Publikum, obwohl er ganz alleine ist. Und obwohl die Marionetten nicht sprechen können, und er keine Antwort bekommt so wie von der Oma, hat er das Gefühl, als würde ihnen die Vorstellung gefallen.

Seit ein paar Tagen macht der Leo das nun schon so. Er nennt es die Herbstbühne. Die Oma hat ihm damals von der Sommerbühne erzählt, aber die ist heuer ins Wasser gefallen. Stattdessen gibt es nun die Herbstbühne. Und die Oma sitzt nicht mehr im Publikum, sondern schaut von oben zu. Alle sagen, dass die Oma nun im Himmel ist, aber wenn der Leo nach oben schaut, sieht er sie nicht. Die einen sagen, man muss am Abend nach oben schauen. Die anderen sagen, die Oma ist nun eine von den Sternen. Wieder andere sagen, dass man auf Sternschnuppen warten muss. Irgendwie sagt jeder was Anderes. So wie wenn es niemand wirklich weiß. Genau wie damals mit der Seele, als der Leo

alles dazu wissen wollte, aber keine gute Antwort bekommen hat. Manchmal denkt der Leo, dass die Erwachsenen genauso wenig wissen wie die Kinder.

Heute, am Freitag, spielt der Leo ganz besonders lange draußen. Das Wetter ist angenehm, und außerdem hat er keine Hausübung auf. Die Mama sitzt drinnen und muss arbeiten. Manchmal schaut sie beim Fenster raus und winkt dem Leo zu. Aber hinaus kommt sie nicht, weil sie merkt, dass sich der Leo ohnehin alleine beschäftigen kann.

Der Fridolin tanzt gerade über die Bühne, als der Leo ein Geräusch hört. Er kommt hinter der Bühne hervor und schaut nach, was es war. Es ist ein Miauen, das hört der Leo ganz genau. Und da sitzt sie. Eine Katze. Direkt am Platz, wo die Oma früher immer gesessen ist.

„Wer bist du denn?", fragt der Leo. Eine seltsame Frage, schließlich kann die Katze ja nicht antworten.

Langsam geht der Leo auf sie zu. Die Katze bleibt dort sitzen und schaut den Leo nur groß an. Sie hat ein graues Fell und sieht ganz besonders kuschelig aus. Vorsichtig hockt sich der Leo auf den

Boden und blickt die Katze intensiv an. Da entdeckt er etwas, das er zuerst nicht glauben kann. Die Katze hat blaue Augen und im rechten Auge einen grauen Fleck. Genau wie die Oma. Kann das sein, dass der Leo träumt?

Intensiv schaut der Leo in die Augen der Katze und dreht seinen Kopf hin und her. Die Katze macht es ihm nach und bleibt ruhig sitzen. So wie wenn es ihr auf diesem Platz gefällt und sie den Leo nett findet. Er hat keine Ahnung, welchem Nachbarn die Katze gehören könnte. Da Katzen oft richtig weit laufen, kann die von überall her kommen.

Vorsichtig streckt der Leo seine Hand aus und berührt das Fell der Katze. Sie ist noch weicher als sie aussieht. Da legt sie sich auf den Boden und dreht sich auf den Rücken. Offensichtlich genießt sie die Streicheleinheiten von ihrem neuen Freund. Nun traut sich der Leo fester zu streicheln und das sogar mit beiden Händen. Und immer wieder blickt er in ihre Augen. Sie sehen genauso aus wie die von der Oma.

Nach einiger Zeit stellt sich die Katze zurück auf alle vier Beine. Fast wie in Zeitlupe hebt sie ihre beiden Vorderpfoten und streichelt den Leo damit gleichzeitig am linken Arm. Da springt der Leo auf und macht einen Schritt zurück.

„Oma?", fragt er leise. „Oma, bist du das?", wiederholt er.

Die Katze sitzt nur da und schaut ihn an.

„Mama, Mama, komm schnell nach draußen!"
Der Leo läuft zum Fenster, hinter dem seine Mama sitzt, und klopft darauf.

„Was ist denn, Leo? Ist was passiert?"

„Komm schnell raus, Mama, bitte!"

Doch als die Mama im Garten ist, ist die Katze verschwunden.

Ich glaub', die Katze ist die Oma

Tagelang denkt der Leo über den Katzenbesuch nach. Die Katze muss echt gewesen sein. Er kann sich ja an das weiche Fell erinnern. Und daran, wie sie ihn angesehen hat. Mit diesen großen blauen Augen und dem einen grauen Fleck im rechten Auge. Und wie sie da gesessen ist auf dem Platz von der Oma. Und wie sie ihn berührt hat mit beiden Pfoten. Genau wie die Oma immer. Trotzdem aber ist es komisch, dass sie dann plötzlich nicht mehr da war, als der Leo die Katze der Mama zeigen wollte. Hat sie etwa Angst bekommen?

In den nächsten Tagen verbringt der Leo ganz besonders viel Zeit draußen. Er hofft darauf, dieses besondere Tier bald wieder zu treffen. Es wäre so schade, wenn sie nur ein einziges Mal bei ihm vorbeigekommen wäre und danach nicht wieder.

"Was ist denn mit dieser Katze?", fragt die Mama, nachdem der Leo immer wieder von ihr erzählt. Er wollte es ihr ja nicht sagen, bevor sie sie selbst gesehen hat, aber jetzt redet der Leo einfach darauf los.

"Ich glaub, die Katze ist die Oma", sagt der Leo.

Da schaut ihn die Mama groß an und sagt zuerst gar nichts, bis sie irgendwann zu reden beginnt. *"Leo, mein Schatz, ich bin genauso traurig wie du, dass die Oma weg ist. Glaub mir, jeden einzelnen Tag. Aber wir müssen damit leben, dass die Oma nicht mehr zurückkommt. Nicht als Mensch und auch nicht als Tier."*

"Aber die Katze hat genau dieselben Augen wie die Oma. Und sie hat mich genauso berührt wie die Oma. Das kann doch kein Zufall sein", sagt der Leo.

Da nimmt die Mama den Leo einfach in den Arm. *"Ist schon in Ordnung, Leo. Du darfst traurig sein"*, sagt die Mama, und der Leo weint.

Bitte komm bald wieder

Zwei Wochen später sieht das Wetter gar nicht gut aus, aber der Leo geht trotzdem nach draußen. Die Marionettenbühne steht so gut geschützt unter dem Dach, dass ihr der Regen nichts anhaben kann. Und seine Puppen nimmt der Leo sowieso jeden Tag wieder mit nach drinnen. Da hätte er viel zu viel Angst, dass sie irgendein Tier verschleppt, das in der Nacht kommt oder dass sie durch die Witterung kaputt werden. In den letzten zwei Wochen hat der Leo wieder viel geweint. Seit dem Treffen mit der Katze geht ihm die Oma noch mehr ab als früher. Die Schule macht ihm auch gar keinen Spaß. Die anderen Kinder sind ihm gerade alle viel zu laut und mühsam. Nicht einmal mit der Anna-Lena kann er viel anfangen. Die hat sich so verändert, seit sie noch mehr mit ihren Freundinnen beisammen ist.

Obwohl es wahrscheinlich gleich regnen wird,

setzt sich der Leo neben seine Marionettenbühne und schaut auf den Platz, an dem die Oma immer gesessen ist. Da stellt er sich ganz fest vor, dass sie wieder da hockt und über seine Vorstellung lacht. Das geht solange, bis es anfängt zu tröpfeln, was den Leo nicht weiter stört. Und plötzlich, wie aus dem Nichts, taucht die Katze wieder auf. Vor Freude springt der Leo auf und geht langsam auf sie zu.

"Wo warst du denn so lange?", fragt er sie.
Genau als er das besondere Tier berühren will, fängt es ganz stark zu regnen an, und die Mama ruft nach ihm.

"Leo, komm rein. Es regnet!"

"Aber die Katze ist zurück", antwortet der Leo. Doch durch den Regen hört ihn die Mama nicht.

"Bitte komm bald wieder", flüstert der Leo. Dann laufen beide weg - der Leo zurück ins Haus und die Katze ab durch das Gebüsch.

"Ich hab die Katze wieder gesehen", sagt der Leo zur Mama.

Die Mama nickt nur und sagt: *"Zieh dir was Trockenes an, Leo. Wir essen bald."*

Oder hat er alles nur geträumt?

Tag für Tag denkt der Leo an die Katze und kann es nicht erwarten, sie bald wiederzusehen. Doch auch an den schönsten Nachmittagen, wenn die Sonne lacht, taucht sie nicht wieder auf. Aber dass er sich das zweimal eingebildet hat, sie getroffen zu haben, kann doch nicht sein, oder?

Irgendwann wird das Wetter deutlich kühler, weil der Herbst nun richtig da ist. Es ist Sonntag. Die Mama hat leider furchtbar viel zu tun und an diesem Tag besonders viel Büroarbeit aufzuholen. Draußen ist es kalt, und der Leo bleibt in seinem Zimmer. Und wieder führt er ein kleines Stück auf und bemüht sich dieses Mal, besonders genau auf jede noch so kleine Bewegung der Marionetten zu achten.

Während der Leo so mit dem Spielen beschäftigt ist, hört er ein komisches Geräusch, das eindeutig

vom Fenster kommt. Kaum zu glauben, aber die Katze steht am Fensterbrett und scharrt am Glas, als würde sie dem Leo zeigen, dass sie reinkommen möchte.

„Wo hast du denn nur gesteckt?", fragt der Leo, als würde er sehnlichst auf eine Antwort von ihr warten.

„*Miau*", sagt sie nur, während der Leo das Fenster aufreißt und den Weg für sie freimacht.

Dass Katzen in ein fremdes Haus hineinwollen, wundert den Leo sehr. Oder hat sie tatsächlich nach ihm gesucht und ihn hier gefunden? Wie gut, dass sein Zimmer im Erdgeschoss liegt.

Vorsichtig schleicht die Katze im Zimmer vom Leo umher, während er ganz ruhig ist und ihr fasziniert dabei zuschaut, wie sie all seine Schätze erkundet. Langsam schnuppert sie an jeder einzelnen Marionette. Zwei von ihnen liegen schlaff auf der Bühne und warten auf ihren nächsten Auftritt. Bei einer, der Frau Dame, schnuppert sie besonders lange. Wieder so ein Zufall. Die Frau Dame war ja die Lieblingsmarionette von der Oma. Jetzt gibt es sogar schon drei Hinweise, dass die Katze die Oma ist. Einfach nur schade, dass sie nicht mit dem Leo sprechen kann. Wenn sie doch bloß etwas sagen könnte! Minutenlang schleicht das schöne graue Tier wie ein Tiger auf der Lauer durch das Reich vom Leo. Alles wird begutachtet, egal ob Schreibtischfüße oder Schultasche. Und immer wieder kommt sie dazwischen zurück zur Frau Dame.

Plötzlich kommt dem Leo eine Idee. Langsam geht er hinter seine Marionettenbühne und nimmt seine zwei Marionetten zur Hand. Er tut, als würden die beiden miteinander sprechen, ohne dass er etwas sagt. Und siehe da: Innerhalb kürzester Zeit hat er die Aufmerksamkeit des Tiers gewonnen. Die Katze nimmt vorsichtig, neben den anderen drei Marionetten, die der Leo vorab als Zuschauer hingesetzt hat, Platz und sieht dem Leo mit großen Augen zu. Dabei hält sie den Kopf immer mal wieder ganz schief, als würde sie so noch mehr Feinheiten in diesem besonderen Schauspiel wahrnehmen.

Der Leo ist richtig fasziniert vom Blick des grauen Tiers und vergisst ganz darauf, seiner Mama Bescheid zu geben, dass die Katze wieder da ist. Denn diesen Moment mit ihr will er auf jeden Fall so lang wie möglich genießen. Minutenlang geht das Spektakel so weiter. Ohne die Marionetten sprechen zu lassen, führt der Leo einen kurzen Stummfilm vor, um herauszufinden, wie die Katze reagiert. Erst nach einiger Zeit, der Leo kann unmöglich sagen, wie lange das nun so gegangen ist, steht sie aus ihrer bequemen Position auf, schleicht zum Leo und streichelt ihn mit beiden Pfoten am linken Oberarm. Und der Leo streichelt die Katze zurück und flüstert *„Oma, bist du das?"*

Daraufhin reibt die Katze ihren Kopf an der Wange vom Leo und springt auf seinen Schreibtisch und zum Fenster hinaus. Der Leo ist so überrascht, dass er es nicht einmal schafft, sie dazu zu bringen dazubleiben. Mit offenem Mund bleibt er vor dem Fenster stehen und starrt auf den Fleck, wo sie unter den Hecken verschwunden ist. Warum läuft sie so schnell wieder weg, wenn sie sich bei ihm offensichtlich wohlfühlt?

Erst da fällt dem Leo ein, dass er der Mama hätte

Bescheid geben sollen. Da stürzt er aus seinem Zimmer hinaus und will am liebsten gleich die Bürotür aufmachen, doch die Mama telefoniert. Und wenn sie telefoniert, darf er leider nicht ins Büro, weil sie dann ganz abgelenkt ist und sich nicht mehr konzentrieren kann. Er muss dann warten, bis sie aufgelegt hat. Als der Leo einfach einmal die Tür geöffnet hat, weil er ganz dringend fragen wollte, ob er ein Eis haben kann, hat die Mama sogar ein bisschen mit ihm geschimpft. Und Eis gab es dann auch keines.

Vor lauter Verwirrung legt sich der Leo schließlich aufs Bett und schüttelt einfach nur den Kopf. Und ehe er sich versieht, schläft er ein und träumt intensiv von der Oma.

Als er wieder aufwacht, ist der Leo ganz verwirrt. Draußen ist es finster, weil die Sonne schon früher untergeht als noch vor einigen Monaten. Wie lange hat er geschlafen? Und was ist eigentlich passiert? Da fällt es ihm wieder ein. Die Katze! Oder hat er alles nur geträumt? Die beiden Marionetten, mit welchen er gespielt hat, liegen genauso schlaff da wie vorhin. Hat die Katze vielleicht etwas hinterlassen?

Und da ist es. An der Frau Dame findet der Leo ein paar Katzenhaare. Das ist Beweis genug. Sie war hier. Und irgendwie fühlt der Leo, dass die Katze wiederkommen wird.

Glaubst du wirklich, dass verstorbene Menschen als Tiere zurückkommen können?

In den nächsten Wochen erzählt der Leo immer mal wieder von der Katze und seinen drei Begegnungen mit ihr. Nicht nur der Mama berichtet er davon, sondern auch der Anna-Lena. Der Leo und die Anna-Lena verstehen sich jetzt wieder besser. Einmal war sie sogar zum Spielen bei ihm zuhause. Wenn sie alleine ist, ist sie richtig lieb, aber wehe, wenn ihre komischen Freundinnen dabei sind. Da ist sie ganz seltsam, und der Leo geht ihr lieber aus dem Weg.

Dem Leo ist es immer am liebsten, wenn er mit jemandem zu zweit ist. Da fühlt er sich wohl und er bekommt das Gefühl, dass sich die andere Person auch gut mit ihm beschäftigt. Nach der Schule ständig mit drei oder vier anderen Kindern zusammen zu sein, kann er sich nicht vorstellen. Manchmal ist es ihm schon zu viel, dass sie so viele in ihrer Klasse sind, nämlich 25 Kinder. Da hat

die Frau Huber ordentlich damit zu tun, dass alle aufpassen.

„Glaubst du wirklich, dass verstorbene Menschen als Tiere zurückkommen können?", fragt ihn die Anna-Lena, als sie beim Leo zuhause ist.

„Ich weiß es ja auch nicht, aber irgendwie passt es zur Oma. Und ihre Augenfarbe, das Streicheln und das Interesse für die Frau Dame können doch wohl kein Zufall sein", sagt der Leo.

„Stell dir vor, sie wäre als Regenwurm zurückgekommen. Dann hättest du sie gar nicht erkannt", antwortet die Anna-Lena. *„Frag doch mal die Frau Berlinger. Vielleicht weiß die was über verstorbene Menschen, die als Tiere zurückkommen."*

Die Frau Berlinger ist die Religionslehrerin und mag den Leo sehr. Die Oma war nämlich – genau wie die Frau Berlinger – im Fotoclub. Und die Oma hat öfters den Leo fotografiert und seine Bilder jedes Jahr bei der Ausstellung gezeigt. Die Frau Berlinger hat immer gesagt, der Leo schaut aus wie ein Engel. Und als sie erfahren hat, dass sie den Leo in Religion unterrichten wird, hat sie sich besonders gefreut. Deswegen weiß der Leo, dass ihn die Frau Berlinger so mag. Nach dem Tod der Oma war sie auch sehr traurig. Das hat der Leo ihr angesehen. Sie konnte ihm während des Unterrichts und am Gang manchmal gar nicht in die Augen schauen.

„Gute Idee", sagt der Leo und nimmt sich vor, seine Religionslehrerin am nächsten Tag dazu zu fragen.

Vielleicht ist sie ihr einfach nur ähnlich

Gerade rechtzeitig erwischt der Leo die Frau Berlinger noch, bevor sie ins nächste Klassenzimmer geht.

„Ich glaub, meine verstorbene Oma ist zurück. Als Katze", beginnt er das Gespräch. Und dann fügt er alle Einzelheiten hinzu, warum er sich da so sicher ist. Die Frau Berlinger schaut ihn mit großen Augen an.

„Und die Anna-Lena hat gemeint, dass Sie vielleicht was darüber wissen, dass Menschen als Tiere zurückkommen können. Weil sie ja Religionslehrerin sind", sagt der Leo weiter.

Die Frau Berlinger wartet ein bisschen, bis sie endlich darauf antwortet.

„Weißt du, wenn wir jemanden vermissen, den wir so

lieb gehabt haben wie du deine Oma, kann es schon sein, dass wir Zeichen erkennen wollen, dass die Person noch bei uns ist. Und ich garantiere dir, deine Oma wird immer in deinem Herzen sein", sagt die Frau Berlinger.

„Aber glauben Sie, dass sie die Katze sein kann oder nicht?"

„Vielleicht ist sie ihr einfach ähnlich", antwortet die Lehrerin. Recht viel mehr sagt sie nicht dazu. Dann verabschiedet sie sich, weil sie in die nächste Klasse gehen muss und lässt den Leo am Gang stehen.

Weitergebracht hat das den Leo nun nicht. Wäre vielleicht besser gewesen, er hätte sie nicht um ihre Meinung gefragt. Wirklich eigenartig, wie Erwachsene manchmal reagieren.

Das ist was ganz Besonderes

Am nächsten Tag, als die Mama auf ihn mit dem Mittagessen wartet, setzt sie sich zum Leo an den Tisch und schaut ihm ganz genau beim Essen zu. Normalerweise macht die Mama das nicht. Da kümmert sie sich schon längst darum, die Küche zu putzen oder was im Haushalt zu erledigen, während der Leo isst. Irgendwas ist heute anders. *„Du Leo?"*, fragt die Mama, sobald er den letzten Bissen hinuntergeschluckt hat.

Plötzlich kriegt er ziemliches Herzklopfen.
„Ich hab' heute mit der Frau Berlinger telefoniert. Sie hat mir erzählt, dass ihr gestern über die Katze gesprochen habt."

Der Leo schaut die Mama groß an. Warum ruft denn die Frau Berlinger die Mama an, nachdem er sie gestern was über Menschen, die als Tiere zurückkommen, gefragt hat?

„Ich hab' uns für nächste Woche einen Termin bei einer Frau ausgemacht, die Coach ist. Sie kennt sich besonders gut mit hochsensiblen Kindern aus."

Der Leo versteht nur Bahnhof.

„Dass wir die Oma verloren haben, ist für uns alle schrecklich. Vielleicht sollten wir da einmal mit einem Profi darüber reden. Und die Frau Haringer ist so ein Profi. Außerdem glauben die Frau Berlinger und ich, dass du vielleicht hochsensibel sein könntest."

„Was heißt denn das?", fragt der Leo.

„Naja, dass du sensibler bist als die meisten anderen Menschen. Aber ganz genau weiß ich es auch noch nicht. Deswegen will ich ja unbedingt, dass wir die Frau Haringer kennenlernen, und sie uns alles genau erklärt."

Der Leo wartet auf weitere Informationen.
„Das ist was ganz Besonderes", sagt die Mama und greift nach den Händen vom Leo.

„Gibt's denn auch tiefsensibel?"

„Nein. Das heißt dann einfach sensibel oder eben nicht sensibel", sagt die Mama, aber ganz sicher wirkt sie dabei nicht. „Wir schauen, dass du auf all deine Fragen eine Antwort bekommst, mein Schatz. Und das Wichtigste ist sowieso, dass ich dich lieb habe, genauso wie du bist."

Und das gibt es nur bei Kindern?

Die Frau Haringer ist richtig nett. Sie hat in ihrer Praxis auch eine Marionette sitzen. Da fragt der Leo gleich nach, wer das denn ist. Sie meint, die hat ihr einmal eine Patientin geschenkt. Der Leo will wissen, ob sie sie denn bewegen kann, doch die Frau Haringer sagt, sie sitzt nur herum. Sie erlaubt dem Leo aber, sie aus dem Regal zu nehmen und ein bisschen mit ihr zu üben. Die Frau Haringer ist ganz begeistert, wie gut der Leo das macht.

„Man sieht hier richtig, wie feinfühlig der Leo ist", sagt die Frau Haringer zur Mama, während der Leo seine Freude mit der Marionette hat. Sie ist etwas kleiner als seine Puppen zuhause.

Die Frau Haringer, die Mama und der Leo reden viel, und dann muss der Leo Fragen beantworten. Bei einigen davon hilft ihm die Mama, da er nicht weiß, was er sagen soll. Am Schluss kommt das

heraus, was die Mama schon vor einer Woche gesagt hat. Dass der Leo hochsensibel und alles in Ordnung mit ihm ist.

„Weißt du, hochsensible Kinder sind etwas ganz Besonderes. Sie haben ein extremes Gespür, nehmen viele Dinge wie Geräusche oder das Licht stärker wahr. Auch merken sie, wie es den Menschen in ihrem Umfeld geht", erklärt die Frau Haringer. *„Gar nicht so wenige Leute sind hochsensibel, nur hat man früher noch kein Wort dafür gehabt. Das ist erst in den letzten Jahren bekannter geworden."*

„Und das gibt es nur bei Kindern? Oder auch bei Erwachsenen und bei Tieren?", fragt der Leo.

„Sagen wir so, Hochsensibilität gibt es bei allen Menschen, egal ob jung oder alt. Wenn du jetzt als Kind schon hochsensibel bist, wirst du es auch als Erwachsener bleiben. Und auch im Tierreich gibt es das. Ich möchte aber, dass du weißt, dass es vollkommen in Ordnung ist, wie du bist."

Ganz genau weiß der Leo jetzt aber nicht, was er damit anfangen soll. Er ist was Besonderes, sagt die Frau Haringer. Aber wenn das bei gar nicht so wenigen Leuten auftritt, sind die doch alle etwas Besonderes. Und die Oma hat ihm einmal gesagt, dass für alle Eltern das Kind oder für alle Großeltern das Enkelkind etwas Besonderes ist.

„Wichtig ist, dass der Leo seine Ruhephasen bekommt und er sich zurückziehen kann, wenn alles zu viel wird. Wahrscheinlich braucht er auch etwas mehr Schlaf als andere Kinder in seinem Alter, weil er so viel wahrnimmt, was er alles erst einmal verarbeiten muss. Das kann ganz schön viel sein."

Der Leo schaut die Mama an, die interessiert nickt.

„Hochsensible Menschen leben oft sehr intensiv mit, wenn sie einen Film ansehen oder Musik hören. Das kann dazu führen, dass ihnen dabei die Tränen kommen, weil sie so berührt sind", erklärt die Frau Haringer. *„Manchmal neigen sie dazu, vieles etwas persönlicher zu nehmen. Dadurch kann es so aussehen, als ob sie mehr jammern. Dabei ist das einfach eine Folge davon, dass sie das ansprechen, was sie gerade stört",* sagt sie noch.

„Ja, raunzen kann der Leo manchmal ganz gut", sagt die Mama, lächelt aber dabei und streicht dem Leo sanft über seinen Kopf.

„Dein Hobby hast du ja schon gefunden, das dir richtig Freude bereitet und wo du dein Talent ausleben kannst", sagt sie Frau Haringer zum Leo und meint damit wohl das Marionettenspielen.

„Ich will, genau wie die Oma, einmal Marionettenspieler werden", sagt der Leo.

Die Frau lächelt ihn an. *„Ich bin sicher, dass du das großartig machen wirst."*

Gleich nach dem ersten Termin kauft die Mama ein

paar Bücher. Dabei geht es um den Umgang mit hochsensiblen Kindern. Die Frau Haringer sagt, sie soll sich ein bisschen einlesen, damit sie den Leo besser verstehen lernt. Und weil der Leo die Stirn runzelt, ergänzt sie gleich: *„Da geht es nicht direkt um dich, Leo, sondern ganz allgemein um Kinder, die auch so viel spüren wie du. Weißt du?"*

Der Leo findet es irgendwie witzig, dass die Mama nun auch was lernen muss. Normalerweise ist ja er derjenige, der in die Schule geht, um Neues zu erfahren, aber die Frau Haringer sagt, Eltern von hochsensiblen Kindern sollten unbedingt auch wissen, was das im Alltag bedeuten kann.

„Sie werden Ihr Kind noch besser kennenlernen", sagt die Frau Haringer. *„Und vieles können Sie auch von ihm lernen."*

Eigentlich kennt ihn die Mama ja schon sein ganzes Leben lang. Wie lustig, dass der Leo nun auch der Mama etwas beibringen darf. Und dann hat die Mama mit der Frau Haringer einen nächsten Termin ausgemacht. Sie meint, dass sie noch ein paar Mal hingehen sollten.

„Kann es sein, dass ich das nächste Mal nicht mehr hochsensibel bin?", fragt der Leo.

„Nein, nein, mein Schatz. Darum geht es nicht. Die Hochsensibilität bleibt dir. Aber wir sollten noch über ein paar andere Dinge mit der Frau Haringer reden. Und du findest sie ja nett, oder?"

„Ja, schon", antwortet er.

Und dann gehen die beiden ein großes Eis essen. Das hat die Mama dem Leo versprochen.

Aber was kann ich denn dafür?

Weil die Frau Haringer dem Leo gesagt hat, dass er stolz auf seine Hochsensibilität sein kann, erzählt er am nächsten Tag der Anna-Lena davon.

„Und was heißt das jetzt?", fragt sie etwas verdutzt.

Da fällt dem Leo ein, dass er gar nicht weiß, was er im Alltag nun damit anfangen soll. Ist das etwas, das jeder in der Schule wissen sollte? Muss die Mama deswegen in die Schule kommen und mit der Frau Huber darüber reden? Soll er dem Aaron davon erzählen, damit er ihn nun nicht mehr nerven darf und sich wen anderen suchen soll, der besser nicht hochsensibel ist? Oder nichts von allem, und eigentlich ist das für die anderen gar nicht interessant?

Nachdem der Leo nichts antworten kann und einfach nur mit den Schultern zuckt, dreht sich die Anna-Lena um und geht. Vielleicht hat der Leo gehofft, dass sie selber auch hochsensibel ist und mehr darüber weiß. Aber da hat er sich wohl getäuscht. Außerdem hat die Frau Haringer gesagt, dass die meisten Leute oft gar nicht wissen, dass sie hochsensibel sind. Besonders Kinder noch nicht. Denn wenn sich die Eltern nicht darum kümmern, das beim Kind auszutesten, kann es sein, dass manche Menschen erst als Erwachsene und wieder andere gar nicht draufkommen. Und dann hat sie noch gesagt, dass er nicht jedem davon erzählen muss, sondern nur, wenn er ein gutes Gefühl dabei hat. Aus diesem Grund behält der Leo das nun vorerst für sich.

Die Frau Haringer hat auch gemeint, dass der Leo viel mehr Stimmungen wahrnimmt als andere Kinder. Das heißt, wenn die Frau Huber zum Beispiel mit einem Kind schimpft oder lauter wird, geht es dem Leo automatisch auch schlechter, weil ihn die gesamte schlechte Stimmung mitnimmt. Da hat der Leo zwei Mal nachfragen müssen, was sie eigentlich damit meint. Das heißt, es kann sein, dass sich der Leo angesprochen fühlt, wenn jemand anderer einen Blödsinn macht und geschimpft wird.

„Aber was kann ich denn dafür?", fragt der Leo.

„Gar nichts kannst du dafür, mein Schatz", antwortet die Mama sofort.

„Wir werden in den nächsten Wochen ein bisschen üben, dass du dich besser abgrenzen kannst", sagt die Frau Haringer. *„Da gibt es ein paar gute Möglichkeiten, wie man lernt, einen Schutzball um sich herum aufzubauen, damit einem Dinge nicht so schnell ans Herz gehen."*

Wieder etwas, das der Leo nicht ganz versteht.

„Du wirst lernen, dass die Gefühle der anderen nicht deine eigenen sind", ergänzt sie dann. *„Hochsensible Menschen sind sehr oft Anlaufstelle für die anderen"*, sagt die Frau Haringer. *„Weil sie sich in andere hineinversetzen können und sie gut verstehen. Außerdem sind sie meist gute Zuhörer, und ihnen werden oft Geheimnisse anvertraut."*

Bis jetzt hat der Leo nicht das Gefühl, dass die anderen Kinder alle etwas von ihm wollen, aber vielleicht passiert das erst, wenn er älter ist.

Der Leo nickt nur.

Dann sagt die Frau Haringer noch, dass hochsensible Kinder viele Fragen stellen und manche Dinge besonders genau wissen wollen, auch wenn man nicht alles immer erklären kann. Da fällt dem Leo wieder die Sache mit der Seele ein, wo ihm niemand eine gute Antwort gegeben hat.

„Ein geregelter Tagesablauf mit Struktur und Ordnung ist besonders wichtig", sagt sie auch noch. *„Also fixe Zeiten für die Hausaufgaben und fürs Spielen zum Beispiel."*

In den folgenden Nächten schläft der Leo erst ganz spät ein. Immer wieder hört er das Gespräch zwischen der Frau Haringer und der Mama im Kopf. Einzelne Sätze tauchen auf und verschwinden wieder. Dann der besorgte Blick von der Mama und wie sie den Leo anschaut und ihn anlächelt. Und wenn er dann endlich einschläft, verändert sich die Situation plötzlich, und der

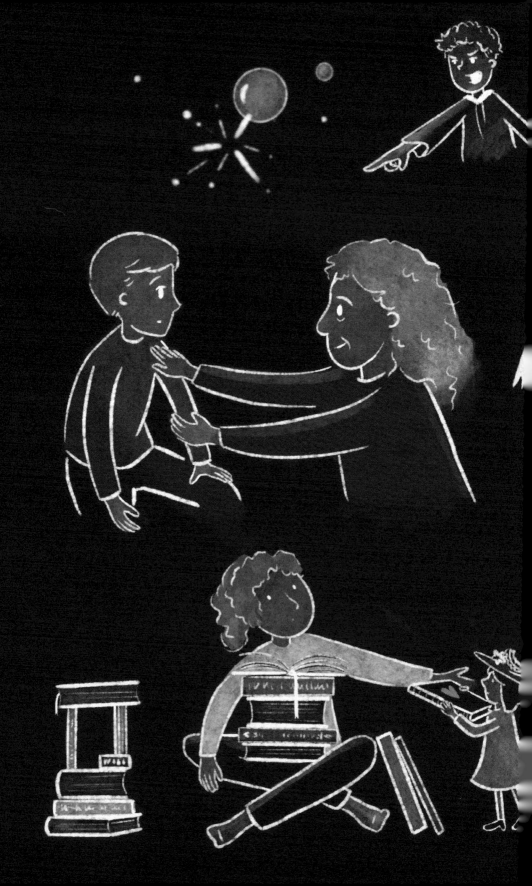

Aaron sitzt auch im Raum. Immer wieder deutet er mit dem Finger auf den Leo und lacht ihn aus. Dann zerplatzt er plötzlich wie eine Seifenblase und schon sitzt die Oma neben ihm, die ihm sanft den linken Arm streichelt. *„Ist schon gut, Leo"*, hört er sie sagen.

„Du wirst viel über dich lernen", sagt die Frau Haringer im Traum. Rund um sie herum tauchen plötzlich alle neun Marionetten auf und wiederholen den Satz. *„Du wirst viel über dich lernen"*, sagt sogar der Fridolin zu ihm. Dann legt jede Marionette ein Buch auf den Schoß von der Mama, die beinahe hinter einer Büchermauer verschwindet.

DU WIRST VIEL ÜBER DICH LERNEN

DU WIRST VIEL ÜBER DICH LERNEN

... du wirst viel über dich lernen ...

Das geht so lange, bis der Leo endlich aufwacht und in die Augen der Mama blickt, die am Bett neben ihm Platz genommen hat.

"Hast du wild geträumt?", fragt sie, und der Leo nickt.

"Das hat die Frau Haringer auch erzählt. Kannst du dich erinnern?", fragt die Mama. *"Dass hochsensible Kinder und Erwachsene mehr träumen. Besonders wenn etwas passiert, das sie sehr beschäftigt."*

Da setzt sich der Leo auf und kuschelt sich an den Arm von der Mama.

Hast du sie gesehen?

In den Wochen nach dem Gespräch hat die Mama viel mehr Zeit für den Leo. An manchen Tagen überrascht sie ihn sogar vor der Schule und holt ihn ab. Irgendetwas ist anders mit ihr. Der Leo genießt das sehr, denn sie hat nicht nur viel mehr Zeit, die sie mit dem Leo beim Spielen verbringt, sondern kocht und bäckt auch mehr. Sogar einen Apfelstrudel hat sie neulich gebacken. Der war fast so gut wie der von der Oma.

Ganz überrascht war der Leo, als die Mama nach einer Marionettenvorstellung gefragt hat. Normalerweise macht sie das ja nicht, weil sie weiß, dass sich der Leo auch alleine mit seinen Puppen beschäftigen kann. Aber dass sie ihn um eine Vorstellung gebeten hat, freut den Leo unheimlich. Für diese Vorstellung überlegt sich der Leo etwas ganz Besonderes. Da die Mama seine Figuren ja nicht einmal kennt, stellt sich jede Marionette

bei ihr vor und erzählt in ein paar Sätzen etwas über sich selbst. Nach jedem Programmpunkt klatscht die Mama. Sie wirkt richtig begeistert und macht dem Leo viele Komplimente, wie gut er die Marionetten schon bewegen kann.

„Hab ich alles von der Oma gelernt", sagt der Leo und sieht, wie die Mama feuchte Augen bekommt.

Nach der Vorstellungsrunde startet der Leo mit den Zwei-Personen-Stücken. Zuerst stehen der Fridolin mit dem Sepp Opa gemeinsam auf der Bühne. Natürlich spielt der Fridolin wieder einen Streich nach dem anderen. Der Leo legt Wert darauf, dass der Sepp Opa besonders langsam und träge wirkt und der Fridolin jung und spritzig. Die Mama lacht in einer Tour und wischt sich vor lauter Lachen sogar Tränen aus den Augen.

Dann treten die Frau Dame und der Rudolf gemeinsam auf. Der Rudolf ist nicht unbedingt seine Lieblingspuppe. Sein Gesichtsausdruck wirkt etwas gelangweilt, und genauso stellt ihn der Leo nun auch dar. Zu jeder Marionetten-Kombination fällt dem Leo etwas Passendes ein. Es ist, als ob er in der letzten Zeit ausschließlich dafür geübt hätte, der Mama jetzt eine besonders tolle Vorstellung zu bieten. Wie lange er insgesamt im Einsatz ist, weiß er gar nicht. Normalerweise sagt die Mama immer irgendwann während des Spielens, dass es jetzt genug ist und dass sie nun langsam aufhören müssen, aber nicht heute. Sie ist richtig aufgeregt

und kann gar nicht genug von den Marionetten bekommen. Und plötzlich, während der Vorstellung, kriegt sie ganz große Augen, während sie etwas am Fensterbrett entdeckt. Der Leo dreht sich um und sieht die Katze.

„*Da ist sie ja!*", ruft er und will schon das Fenster aufmachen, doch da ist das graue Tier wieder verschwunden.

„*Hast du sie gesehen? Das ist die Katze, von der ich dir immer erzählt hab. Die Oma-Katze!*", ruft der Leo.

„Ja, mein Schatz. Ich hab sie gesehen. Haben wir sie jetzt erschreckt?"

„Keine Ahnung, aber sie ist ja immer ganz schnell aufgetaucht und plötzlich wieder weg gewesen", antwortet der Leo.

Der Leo ist so froh, dass die Mama die Katze nun auch endlich gesehen hat. Jetzt weiß er fix, dass er sich das alles nicht eingebildet hat. Die Mama ist nun seine Zeugin. Und vielleicht wird die Katze ja wieder auftauchen. Dann kann sie die Mama genauer ansehen.

Eine Puppe kann nämlich ein Mann oder eine Frau sein

Zwei Wochen später schneit es zum ersten Mal. Zuerst ganz sanft, als der Leo zur Schule geht. Er lässt sich beim Schulweg deswegen extra viel Zeit, weil er es liebt, Schneeflocken aufzufangen. Die Oma hat den ersten Schnee immer besonders gemocht. Sie meinte immer, der ist so unverbraucht, rein und weich. Deswegen denkt er an diesem Morgen ganz fest an sie. Sie hätte sich so über Schnee gefreut. Und wenn es lange genug schneit, kann er vielleicht schon bald eine Schneepuppe machen. Der Leo und die Oma haben nämlich immer zusammen Schneepuppen gebaut. Keinen Schneemann, sondern Schneepuppen eben.

Das hat der Leo viel interessanter gefunden. Eine Puppe kann nämlich ein Mann oder eine Frau sein. Und ein Schneemann ist halt ein Mann.

Am Nachmittag ist das Gras schon richtig gut mit Schnee bedeckt. Natürlich geht der Leo gleich, ohne Aufgaben zu machen, in den Garten hinaus. Die Mama kommt auch mit. Sie sagt, dass heute ausnahmsweise zuerst das Vergnügen kommen darf und dann erst die Arbeit. Sie selber muss nämlich auch noch einiges an Papierkram erledigen. Und währenddessen kann der Leo dann seine Aufgaben machen. Aber zuerst einmal gehen die beiden in den Garten.

Letztes Jahr haben die Oma und der Leo die wohl tollste Schneepuppe gebaut, die es je gegeben hat. Richtig geweint hat der Leo, als sie dann geschmolzen ist. Dabei weiß er ganz genau, dass Schnee nicht das ganze Jahr über liegenbleiben kann. Aber die Puppe war für ihn schon wie eine seiner Marionetten. Er hat ihr sogar einen Namen gegeben. Kunigunde hat sie geheißen. Eine ältere Frau mit einem Hut und einem kleinen Hund an ihrer Seite. Man hat für den Hund zwar ein bisschen Fantasie gebraucht, aber die hatten die Oma und der Leo natürlich.

„Die Kunigunde geht schon wieder Gassi", hat der Leo immer gesagt. Einmal hat er der Oma einen

Streich gespielt und neben den Schneehund eine kleine Lacke aus Orangensaft geleert. Danach ist er gemeinsam mit der Oma in den Garten gegangen, um die zwei zu besuchen, und die Oma hat wegen der Lacke ganz große Augen gemacht. Ursprünglich wollte der Leo mitspielen und selber so tun, als wäre er ganz erstaunt, dass der Schneehund nun wirklich Gassi geht, doch er musste so lachen, dass er den Streich gleich unabsichtlich aufgelöst hat.

Und irgendwie spürt der Leo, dass die Katze dieses Mal bleibt

Direkt dort, wo die Oma bei den Marionettenvorstellungen immer gesessen ist, beginnt die Mama, den Schnee zusammenzuschieben. Der Leo sagt natürlich nichts, denn er findet es irgendwie schön, genau da die erste Schneepuppe des Jahres zu bauen, wo die Oma immer so gerne gesessen ist.

Die Mama und der Leo reden gar nicht miteinander, sondern beginnen gemeinsam, an der Puppe zu arbeiten. Ob es ein Mann oder eine Frau wird, wissen sie dabei noch gar nicht. Währenddessen schneit es weiter, doch kalt ist dem Leo nicht. Er ist immer noch so aufgeregt und begeistert vom ersten Schnee, dass er sogar seine Jacke aufmacht, weil ihm so warm ist.

Und dann sehen sie die Katze wieder. Sie sitzt dort, wo im Sommer die Bühne gestanden ist. Wie lange sie von der Katze beim Bauen schon beobachtet worden sind, wissen die Mama und der Leo nicht. Sie schleicht sich ja immer so vorsichtig an, dass man rein gar nichts hört. Ein Raubtier eben.

„Da ist sie wieder", sagt der Leo.

Die Mama sieht die Katze auch, daher hätte er gar nichts sagen müssen.

Beide, die Mama und der Leo, hören auf zu bauen und schauen der Katze ganz tief in die Augen. Das Tier richtet abwechselnd seinen Blick zu ihr und zu ihm. Dazwischen schaut es immer wieder auf den Berg aus Schnee. Gerade kann man noch nicht erkennen, dass daraus einmal eine Puppe werden soll.

Langsam kommt die Katze auf die Mama zu geschlichen. Ihre sanften Pfoten machen ganz kleine Abdrücke im frisch gefallenen Schnee. Wie schön das aussieht!

Dann blickt das graue Tier die Mama mit großen Augen an, und die Mama erschrickt richtig. Ohne etwas zu sagen, weiß der Leo, dass der Mama das rechte Auge mit der gleichen Farbkombination wie bei der Oma aufgefallen ist. Oft braucht die Mama nämlich gar nichts zu sagen, und der Leo weiß genau, was sie denkt. Dann kommt die Katze noch näher und gleitet mit ihren beiden Pfoten langsam am linken Arm der Mama entlang. Und da plötzlich bricht die Mama fürchterlich in Tränen aus.

Der Leo ist sich sicher, dass die Mama nun auch die Oma in der Katze erkannt hat. Mit großen Augen und starkem Herzklopfen beobachtet der Leo, wie die Mama die Oma-Katze umarmt und laut schluchzt. Und der Leo steht ganz still daneben. Er kann kaum glauben, was er gerade mit eigenen Augen sieht.

Nach einer Ewigkeit geht die Katze zum Leo. Da macht sie bei ihm genau das gleiche und kuschelt sich in seine Arme. Und irgendwie spürt der Leo, dass die Katze dieses Mal bei ihnen bleibt.

Wie nennen wir die Katze denn?

Eine Woche später ist der Schnee geschmolzen und von der ersten Schneepuppe der Saison nichts mehr zu sehen. Dabei haben die Mama und der Leo die schönste Schneepuppe aller Zeiten gebaut. Ja, sie war noch toller als die Kunigunde mit ihrem Hund damals. Die zwei haben nämlich die Oma gebaut, und tatsächlich war eine Ähnlichkeit zu erkennen. Erst am Schluss hat der Leo der Mama erzählt, dass das die Lieblingsstelle von der Oma war, als er ihr mit den Marionetten etwas vorgespielt hat. Da ist die Mama schnurstracks ins Zimmer vom Leo gegangen und hat die Bühne hinausgetragen. Und das, obwohl es immer noch geschneit hat. Früher hätte die Mama längst gesagt, sie müssen nun reingehen, aber nicht an diesem Tag. Und dann hat sie die Lieblingsmarionette von der Oma geholt und den Leo gebeten, der Oma Schneepuppe eine erste Vorstellung zu bieten. Und es war grandios. Auf der einen Seite der Schnee-

Oma ist die Mama gesessen und auf der anderen die Katzen-Oma. Und der Leo hat die Vorstellung seines Lebens gespielt. Danach haben sich die Mama und der Leo unglaublich gefreut, mussten vor lauter Freude aber auch weinen. Und die Katze hat geschnurrt und mit ihren Oma-Augen gezwinkert.

Eigentlich will der Leo die Mama fragen, ob die Katze bei ihnen einziehen darf, aber das ist gar nicht notwendig. Als würde sie schon immer zu ihnen gehören, ist die Katze nach dem Nachmittag im verschneiten Garten einfach mit nach drinnen gegangen. Und ihr erster Weg ist ins Zimmer vom Leo, wo sie sich ausgiebig auf seinem Teppich hin- und herwälzt.

„Wie nennen wir die Katze denn?"

„Na, Oma natürlich", sagt die Mama.

Und so ist die Oma beim Leo und bei der Mama eingezogen und nie mehr von ihnen weggegangen.

EIN NACHWORT FÜR DIE GROSSEN

Zuerst einmal: danke fürs Lesen! Die Idee zur Geschichte rund um (den) Leo ist mir durch Zufall gekommen und wie ein Film vor meinen Augen abgelaufen. So begann ich, mich einem für mich unbekannten Genre, nämlich dem Kinderbuchbereich, anzunähern, den ich als Autorin nie zuvor am Schirm hatte. Bis dahin hatte ich drei Sachbücher (über True Crime und die wilden Seiten Wiens) sowie einen Kriminalroman verfasst. Mit Leo hat es jedoch sofort „Klick" gemacht, und ich wurde das Gefühl nicht los, meine Idee unbedingt zu Papier bringen zu müssen.

Ich selbst bin vor mehr als zehn Jahren auf das Thema Hochsensibilität gestoßen, das mir damals neu war. Ein Freund, selbst hochsensibel und stark in die Thematik eingetaucht, empfahl mir, einen Test zu machen, der mir sogleich einen hohen Grad an Hochsensibilität versicherte. Auch wenn es hochtrabend klingen mag – diese Erkenntnis hat mein Leben verändert. Schlagartig ist mir über die vergangenen drei Jahrzehnte meines Lebens vieles klargeworden, was ich zuvor nicht erfassen konnte. Ich war also nicht intolerant, weinerlich oder eine beleidigte Leberwurst, sondern einfach nur hochsensibel, nicht mehr und nicht weniger. Und mit mir wohl 20% der Bevölkerung, selbstverständlich jede/-r in einer anderen Ausprägung.

In dieser – teils verrückten – Welt hochsensibel zu sein, ist Fluch und Segen gleichermaßen. Weiß man darüber Bescheid, kann man für sich jedoch einen geeigneten Rahmen schaffen, in den man mit seinen Stärken und Schwächen hineinpasst. So verhindert man es, Gefahr zu laufen, sich tagtäglich in Situationen zu begeben, in welchen Unwohlsein aufkommt, das in Unzufriedenheit, Überforderung oder vielleicht sogar Burnout mündet. Mittlerweile gibt es massenweise Literatur über Hochsensibilität, die einem vor Augen führt, was wir zartbesaitete Menschen brauchen und was uns guttut. Am wichtigsten sind regelmäßige Auszeiten, da unser Gehirn sonst Gefahr läuft, mit der Verarbeitung des Erlebten nicht hinterher zu kommen. Ich bin überzeugt davon, dass man sich als hochsensibles Wesen wohler in seiner Haut fühlt, wenn man für sich erkennt, wie ein gelungener Alltag mit Rückzugsmöglichkeiten aussehen kann.

Für Eltern eines hochsensiblen Kindes gibt es zahlreiche Optionen, sich zu erkundigen, was ein junger Mensch in dieser so prägenden Entwicklungszeit braucht, um diese Eigenschaft schätzen zu lernen. Daher war es mir ein Anliegen, „Oma kommt zurück" in Buchform zu bringen. Statt einem Gefühl der Überforderung, das mit dem Begriff „hochsensibles Kind" für manche vielleicht aufkommt, kann sich Offenheit und Akzeptanz breitmachen. Sich als Erwachsener mit dem Thema auseinanderzusetzen, ist für die Erziehung bzw. die Begleitung des Kindes ein Segen.

Natürlich möchte ich mich auch ganz herzlich bei meinen TestleserInnen für ihre Zeit und ihr wertschätzendes Feedback bedanken, das mir in der Finalisierung des Buches sehr weitergeholfen hat. Ich danke meinem Mann Albert, meiner Mutter Eva Strasser, meiner Schwägerin Birgit Strasser, meinen FreundInnen Eva K. Anderson, Barbara Lachner, Nicole Riederer, Claudia Käferböck, Pietro Scala und Cynthia Lackmann.

Ein großer Dank gilt meiner Illustratorin Sarah Fuchs. Sarah hat in ihren Bildern genau das umgesetzt, was ich mir gewünscht habe, aber nicht in Worte fassen konnte. Sie hat Leo und seinen WegbegleiterInnen Leben eingehaucht und sie in der schönsten Weise dargestellt, die ich mir vorstellen kann.

Wie hat Ihnen mein Buch gefallen? Haben Sie es gemeinsam mit Kind/-ern gelesen oder Ihr/-e Kind/-er alleine? Ich freue mich, mehr darüber zu erfahren, wie „Oma kommt zurück" bei Ihnen angekommen ist. Schreiben Sie mir gerne Ihre Rückmeldung unter office@sabinewolfgang.com.

© Barbara Lachner

DIE AUTORIN

Sabine Wolfgang, Jahrgang 1980, hat bis jetzt drei Sachbücher und einen Kriminalroman verfasst und ist nun auf den Geschmack von Kinderbüchern gekommen. Vorrangig geht es ihr dabei um die kindgerechte Vermittlung des Themas Hochsensibilität, von der auch Erwachsene profitieren können, die ein zartbesaitetes Kind haben oder selbst hochsensibel sind. Hauptberuflich ist Sabine Wolfgang als selbstständige PR-Beraterin tätig und unterstützt Firmen und KünstlerInnen in Sachen Medienauftritt.

www.sabinewolfgang-autorin.com
Facebook: www.facebook.com/SabineWolfgangAutorin
Instagram: www.instagram.com/sabinewolfgang_autorin

DIE ILLUSTRATORIN

Sarah Fuchs, geboren 1996, arbeitet selbstständig als Grafikerin in Wien und konzentriert sich dabei hauptsächlich auf Printmedien. Wie auch der Leo findet sie großen Gefallen an alten Dingen. Dazu zählen mittlerweile auch analoge Medien, wie gedruckte Bücher, die zunehmend an Bedeutung verlieren, wobei sie für Kinder besonders wichtig sind. Sarah Fuchs hat eine Vorliebe für schöne Druckwerke und besitzt, nicht zuletzt wegen ihrer beiden Kinder, eine große Sammlung an wunderschön gestalteten Kinderbüchern. Sie selbst hat schon an einer Vielzahl von Büchern mitgewirkt und bei „Oma kommt zurück" zum ersten Mal nicht nur das Layout, sondern auch die Illustrationen angefertigt.

E-Mail: office@fuchs-grafik.at

IMPRESSUM

ISBN 978-3-9505360-1-0
1. Auflage 2022

© Sabine Wolfgang
Obere Amtshausgasse 46
1050 Wien, Österreich
office@sabinewolfgang.com
www.sabinewolfgang-autorin.com
Alle Rechte vorbehalten

Illustrationen & Layout: Sarah Fuchs
office@fuchs-grafik.at